Mona Binner | Luisa Marschall

Kulinarische *Zaubereien*

für Advent,
Weihnachten
und Silvester

Bassermann Inspiration

Inhalt

Vorwort

Weihnachten – Zeit der liebgewonnenen Traditionen, der Besinnlichkeit, der Familie und Freunde. Plätzchenduft und Lichterglanz erfüllen das Haus, und Kinderaugen schauen erwartungsvoll in unsere Gesichter.

Alle Jahre wieder freuen wir uns auf diese Zeit. Auch, wenn es für so manchen mehr Hektik als Ruhe und Besinnlichkeit bedeutet. Leider gibt es kein Geheimrezept, wie man gelassen und entspannt durch die Adventszeit kommt. Aber es gibt viele schöne Rezeptideen, um Weihnachtsstimmung zu erlangen und sich und die Lieben in dieser Zeit zu verwöhnen.

Zauberhaftes Gebäck für die Kleinen und raffinierte Genüsse für die Großen. Traditionelle Rezepte – modern interpretiert – lassen jedes Herz höher schlagen. Ob blitzschnell, überraschend oder ausgefallen – freuen Sie sich nach getaner Arbeit aufs Genießen und lassen Sie auch andere daran teilhaben.

Bedanken Sie sich z.B. bei Freunden, netten Nachbarn und Kollegen mit unseren liebevollen Geschenkideen. Wer kann schon selbstgemachtem Granatapfellikör, leckeren Marzipankartoffeln oder gebrannten Mandeln widerstehen? Auch für den Nikolausstiefel liefern wir Ihnen süße Ideen.

Oder nutzen Sie die Adventszeit, um sich mit den Lieben bei Glühweinschnitten, Walnussecken und Mandelmilch an den Kaffeetisch zu setzen und zu entspannen.

Doch nicht nur Süßes soll Sie auf den folgenden Seiten inspirieren. Auch für die Feiertage ist gesorgt. Drei Menüs mit jeweils drei Gängen – darunter auch ein vegetarisches Menü – werden sicherlich den Hunger auf Herzhaftes stillen können.

Und Silvester? Überraschen Sie einfach mit Selbstgemachtem vom Buffet und lassen Sie Ihre Freunde auch Köstlichkeiten dazu beitragen. Mit Himbeer-Prosecco, Champagnercremesüppchen und beschwipster Zimtbirne wird es bestimmt ein rauschendes Fest.

Lassen Sie sich inspirieren von den vielen Leckereien und genießen Sie in weihnachtlicher Vorfreude! Wir wünschen eine ruhige, besinnliche und köstliche Weihnachtszeit.

Wie dieses Buch entstand

Ein Backbuch zu machen war schon immer ein gemeinsamer Traum von Luisa und mir.

Als sich – wie jedes Jahr – die Frage stellte, mit was ich mich zu Weihnachten bei Familie, Freunden und Kunden bedanken könnte, kam mir diese Idee vom eigenen Backbuch wieder in den Sinn.

Als Konditorin passte meine Cousine Luisa natürlich perfekt dazu. Zumal ich bei Geburtstagen immer wieder ihre leckeren Torten und Kuchen probieren durfte. Zum Glück war sie sofort überzeugt und wir starteten mit der Produktion von neun Rezeptaufnahmen. Daraus entstand eine ganz kleine Buchvariante von ca. 10 mal 15 Zentimetern.

Meine Kunden, unsere Familie und Freunde waren begeistert: „Das müsst ihr unbedingt an Verlage schicken!"

So landete unser Weihnachtsbuch für Familie und Freunde bei Bassermann Inspiration. Und glücklicherweise ließ man uns dort die Freiheit, das Buch nach unseren Wünschen zu gestalten und bot Unterstützung, wo auch immer wir sie brauchten. Vielen Dank!

„Weihnachtsduft in jedem Raum ..."

Plätzchen, Stollen und Lebkuchen

Fröhliche Weihnacht

Text von Heinrich von Fallersleben,
Melodie aus England aus dem 19. Jahrhundert

„Fröhliche Weihnacht überall!"
tönet durch die Lüfte froher Schall.
Weihnachtston, Weihnachtsbaum,
Weihnachtsduft in jedem Raum.

„Fröhliche Weihnacht überall!"
tönet durch die Lüfte froher Schall.
Darum alle stimmet ein in den Jubelton,
denn es kommt das Heil der Welt
von des Vaters Thron.

„Fröhliche Weihnacht überall!"...
Licht auf dunklem Wege,
unser Licht bist du;
denn du führst, die dir vertrau'n,
ein zu sel'ger Ruh'.

„Fröhliche Weihnacht überall!"...
Was wir ander'n taten,
sei getan für dich,
daß bekennen jeder muß,
Christkind kam für mich.

Goldene Mandarinensterne

Ergibt ca. 50 Stück

Teig

50 g Puderzucker
100 g Butter
1 Prise Salz
200 g Mehl
2 Tropfen Vanillearoma
3 EL Mandarinenmarmelade

Zusätzlich

Ausstechformen

Puderzucker, Butter, Salz und Vanillearoma zu einem glatten Teig verarbeiten und das gesiebte Mehl kurz und schnell unterkneten. Den Teig in Folie für 30 Minuten kühl stellen.

Den Mürbeteig auf einer bemehlten Arbeitsfläche ca. 2 bis 3 mm dick ausrollen, Vierecke ausstechen und auf ein mit Backpapier belegtes Backblech legen. Bei der Hälfte der Vierecke in der Mitte noch einen kleinen Stern ausstechen.

Die Plätzchen im vorgeheizten Backofen bei 200 °C (Umluft) 6 bis 8 Minuten backen.

Die Mandarinenmarmelade leicht erwärmen und mit einem Spritzbeutel auf die abgekühlten Kekse ohne Sternaussparung spritzen und mit der Oberseite zusammensetzen.

Die Sterne schmecken auch mit jeder anderen Marmelade gut.

17

Schneebälle

Ergibt ca. 20 Stück

TEIG

80 g Butter
130 g Haferflocken
80 g Zucker
1 Ei
3 Tropfen Bittermandelaroma
50 g Weizenmehl
1 gestrichener TL Backpulver

Die Butter bei mittlerer Hitze zerlassen, die Haferflocken und 1 EL Zucker unterrühren, leicht bräunen und die Masse erkalten lassen.

Das Ei schaumig schlagen und nach und nach den restlichen Zucker und das Bittermandelaroma unterrühren.

Mehl und Backpulver mischen und in das schaumige Ei sieben. Die Haferflockenmasse hinzufügen und alles gut miteinander verkneten.

DEKOR

20 g Puderzucker

Den Teig mit leicht befeuchteten Händen zu 3 bis 4 cm kleinen Kugeln formen und auf ein mit Backpapier vorbereitetes Backblech setzen. Im vorgeheizten Ofen bei 180 °C (Umluft) ca. 10 Minuten backen.

Die Schneebälle nach dem Erkalten mit ein wenig Puderzucker bestreuen.

Stollenkonfekt

Ergibt ca. 30 Stück

ZUSÄTZLICH

Muffinblech für
Mini-Muffin

BRANDTEIG

125 ml Wasser
25 g Butter
1 EL Zucker
75 g Mehl
3 Eier

DEKOR

30 g Puderzucker

RÜHRTEIG

75 g weiche Butter
50 g Zucker
1 Päckchen Vanillezucker
1 Prise Salz
1 Messerspitze Zimt
1 Messerspitze Nelken
1 Messerspitze Kardamom
1 Messerspitze Muskatblüte
1 Ei
200 g Mehl
1 TL Backpulver
100 g Rosinen
40 g Zitronat
50 g gehackte Mandeln

Für den Brandteig Wasser mit Butter und Zucker aufkochen und vom Herd nehmen. Gesiebtes Mehl in die noch heiße Flüssigkeit geben und alles zu einem Teigkloß verrühren. Den Teig ungefähr 1 Minute unter ständigem Rühren erhitzen, dann in eine Rührschüssel geben.

2 Eier nach und nach unter den Brandteig rühren, das letzte Ei verquirlen und nur so viel unterarbeiten, dass der Teig noch leicht am Löffel kleben bleibt.

Für den Rührteig die weiche Butter mit dem Zucker, Vanillezucker, Salz und Gewürzen geschmeidig verrühren. Das Ei kräftig unterrühren. Mehl mit Backpulver sieben und nach und nach unterrühren.

Brandteig und Rührteig miteinander verkneten. Zum Schluss Rosinen, fein gehacktes Zitronat und die Mandeln nur kurz einarbeiten und den Teig in die Muffinform füllen. Im gut vorgeheizten Backofen bei 200 °C (Umluft) ca. 25 Minuten backen.

Das Stollenkonfekt nach dem Erkalten aus den Formen lösen und mit Puderzucker bestäuben.

Erhitzt vom vielen Backen? Gönnen Sie sich eine kleine Erfrischungspause.

Zimtstern-Schaum

Ergibt 4 Drinks

DRINK

200 ml Milch
200 ml Sahne
200 ml Walnusseis
1 TL Zimt
½ TL Lebkuchengewürz
2 Päckchen Vanillezucker
4 cl Rum
4 cl Baileys Irish Cream

DEKOR

4 Zimtsterne
4 Zimtstangen

Milch und Sahne schaumig schlagen. Eis, Zimt, Lebkuchengewürz und Vanillezucker zugeben und noch einmal kräftig weiterschlagen.

Den Rum und den Likör nur noch kurz unterrühren und den Shake auf vier Gläser verteilen.

Die Zimtsterne an einer Seite einritzen und auf den Glasrand stecken oder dazulegen. Mit Zimtstangen dekorieren.

Weihnachtliche Meditation.

Bunte Nikolausstiefel

Ergibt ca. 30 Stück

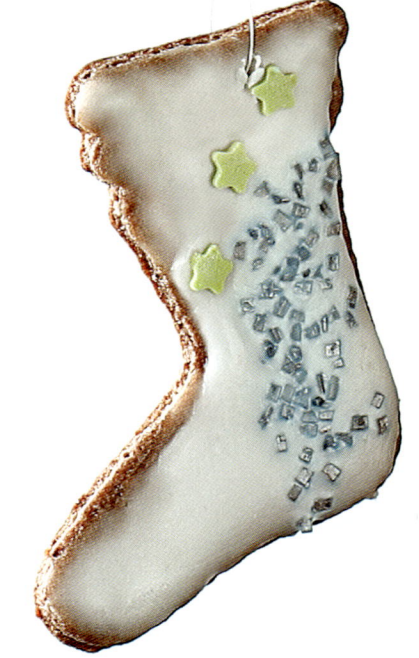

Puderzucker, Butter, Honig und Ei verkneten, bis eine glatte Masse entstanden ist. Kakao, Mehl und Backpulver mischen und sieben. Alle Zutaten miteinander verkneten. Den Teig auf einer bemehlten Arbeitsfläche 3 mm dick ausrollen und Stiefel ausstechen.

Die Stiefel auf ein mit Backpapier ausgelegtes Backblech legen und im vorgeheizten Backofen bei 200 °C (Umluft) 6 bis 10 Minuten leicht goldbraun backen.

Puderzucker und Zitronensaft verrühren (eventuell etwas Wasser hinzufügen). Nach dem Abkühlen die Stiefel mit Guss und Dekorzucker oder Pistazien verzieren.

TEIG

30 g Puderzucker
50 g Butter
20 g Honig
1 Ei
1 EL Kakao
180 g Mehl
½ TL Backpulver

DEKOR

200 g Puderzucker
2 EL Zitronensaft
Dekorzucker
gehackte Pistazien

ZUSÄTZLICH

Ausstechformen

Knusprige Spekulatius-Taler

Ergibt ca. 50 Stück

Die Mehle und das Backpulver sieben und vermischen.

Die weiche Butter glatt rühren. Zucker, Vanillezucker, 2 EL Milch, 1 Ei und die Gewürze unterrühren.

Die Mehlmischung mit der Buttermasse zu einem glatten Teig kneten. Den fertigen Teig in Folie eingeschlagen für eine Stunde kalt stellen.

Den Teig auf einer bemehlten Arbeitsfläche ca. 5 mm dick ausrollen und mit einem gewellten, runden Ausstecher die Plätzchen ausstechen, mit 1 verquirlten Eigelb bestreichen und im vorgeheizten Backofen bei 200 °C (Umluft) 10 Minuten backen.

Die Taler nach dem Auskühlen mit gehackten Pistazien und Blattgold verzieren. Etwas verquirltes Ei zum Fixieren benutzen.

TEIG

130 g Weizen-Vollkornmehl
110 g Mehl
½ TL Backpulver
100 g weiche Butter
80 g brauner Zucker
1 Päckchen Vanillezucker
4 EL Milch
2 Eier
1 Prise Salz
1 TL gemahlener Kardamom
1 TL gemahlener Zimt
½ TL gemahlene Gewürznelken
½ TL gemahlene Muskatnuss

DEKOR

gehackte Pistazien
Blattgold
evtl. 1 Ei

ZUSÄTZLICH

Ausstechformen

ZUSÄTZLICH

20 Holzspieße
Ausstechformen

DEKOR

100 g Puderzucker
1 TL Zitronensaft

Lebkuchenlollis

Ergibt ca. 20 Stück

TEIG

250 g Mehl
250 g Zucker
2 EL Kakaopulver
1 ½ EL Lebkuchengewürz
½ EL Backpulver
250 ml Milch
2 EL Öl

Das Mehl sieben und mit Zucker, Kakao, Gewürz und Back-pulver vermischen.

Milch und Öl verrühren und nach und nach zum Mehlgemisch geben und unterheben. Den Teig auf einem mit Backpapier belegten Backblech glatt verteilen. Im nicht vorgeheizten Backofen bei 180 °C (Umluft) 30 bis 40 Minuten backen

Direkt danach beliebige Formen ausstechen und nach dem Abkühlen auf Holzspieße stecken.

Den Puderzucker mit dem Saft glatt verrühren, in eine Spritz-tüte mit feiner Tülle geben und die Lollis verzieren.

Schoko-Mandel-Kristalle

Ergibt ca. 80 Stück

Puderzucker, Butter, Salz, Aromen, Ei, Mehl und Mandeln zu einem glatten Teig verarbeiten. Die Kuvertüre fein hacken und vorsichtig mit der Hand unter den Teig kneten. Den Teig auf einer bemehlten Arbeitsfläche ca. 3 mm dick ausrollen und mit Ausstechern in Schneekristallform Plätzchen ausstechen.

Die Plätzchen auf ein mit Backpapier ausgelegtes Backblech legen und im vorgeheizten Ofen bei 200 °C (Umluft) 6 bis 10 Minuten leicht goldbraun backen.

Nach dem Auskühlen Puderzucker mit Zitronensaft verrühren, die Plätzchen damit bestreichen und mit etwas Dekorzucker bestreuen.

TEIG

90 g Puderzucker
180 g Butter
1 Prise Salz
3 Tropfen Zitronenaroma
3 Tropfen Vanillearoma
1 Ei
270 g Mehl
80 g gemahlene Mandeln
20 g Zartbitterkuvertüre

DEKOR

200 g Puderzucker
2 EL Zitronensaft
evtl. farbiger Dekorzucker

ZUSÄTZLICH

Ausstechformen

Schokoladenstollen
mit Marzipan

Für 1 Stollen

TEIG

100 g Zitronat

100 g Orangeat

150 g Marzipanrohmasse

100 g Zartbitter-Schoko-
lade

250 g Quark
(40 % Fett i. Tr.)

500 g Mehl

1 Päckchen Backpulver

30 g Kakaopulver

250 g Zucker

1 Päckchen Vanillezucker

1 Prise Salz

1 EL Rum

2 Eier

300 g weiche Butter

DEKOR

50 g Puderzucker

Zitronat und Orangeat klein hacken. Das Marzipan fein würfeln, die Schokolade über einem Wasserbad schmelzen.

Quark, Mehl, Back- und Kakaopulver, 150 g Zucker, Vanillezucker, Salz, Rum, Eier und 200 g Butter zu einem Teig verarbeiten. Die geschmolzene Schokolade einlaufen lassen und unterkneten. Zitronat, Orangeat und Marzipan mit den Händen unterkneten.

Wenn Sie ohne spezielle Stollenform arbeiten, rollen Sie den Teig auf einer bemehlten Arbeitsfläche zu einem Rechteck (25 x 20 cm) aus, rollen ihn der Länge nach auf und drücken eine Vertiefung in die Mitte. Die linke Teigseite leicht versetzt auf die rechte Seite schlagen. Den mittleren Teil zu einer Wulst formen und dann den Stollen zum Backen auf ein mit Backpapier belegtes Backblech legen. Wenn Sie mit einer Stollenform backen, formen Sie den Teig mit etwas Mehl zur einer glatten Rolle (ca. 10 x 28 cm), legen ihn auf ein Backblech und stülpen die Stollenform darüber.

Den Backofen auf 250 °C vorheizen. Den Stollen bei Erreichen der Temperatur in die Mitte des Ofens schieben und die Temperatur auf 180 °C (Umluft) herunterschalten, den Stollen 55 Minuten backen.

Die restliche Butter schmelzen und den Stollen noch heiß mit Butter bestreichen und mit Zucker bestreuen, diesen Vorgang 3-mal wiederholen. Den Stollen vor dem Servieren mit Puderzucker bestreuen.

für Dich

„Dann stell ich den Teller auf ..."

Kleine Nikolausgeschenke

Lasst uns froh und munter sein

Melodie und Text aus dem 18. Jahrhundert

Lasst uns froh und munter sein
und uns recht von Herzen freu'n!
Lustig, lustig, traleralala,
bald ist Nikolausabend da,
bald ist Nikolausabend da!

Bald ist uns're Schule aus,
dann zieh'n wir vergnügt nach Haus.
Lustig, lustig …

Dann stell' ich den Teller auf,
Nik'laus legt gewiss was drauf.
Lustig, lustig …

Steht der Teller auf dem Tisch,
sing ich nochmals froh und frisch:
Lustig, lustig …

Wenn ich schlaf', dann träume ich:
jetzt bringt Nikolaus was für mich.
Lustig, lustig, traleralala,
heut' ist Nikolausabend da,
heut' ist Nikolausabend da.

Wenn ich aufgestanden bin,
lauf' ich schnell zum Teller hin.
Lustig, lustig, traleralala,
nun war Nikolausabend da,
nun war Nikolausabend da.

Nik'laus ist ein guter Mann,
dem man nicht g'nug danken kann.
Lustig, lustig, traleralala,
nun war Nikolausabend da,
nun war Nikolausabend da.

Weihnachtliche Rumkugeln

Ergibt ca. 25 Stück

KUGELN

200 g Vollmilchschokolade
200 g weihnachtliches
Gebäck (zum Beispiel
Lebkuchen, Spekulatius
oder Honigkuchen)
60 ml Rum

Das Gebäck zerbröseln, mit Rum vermischen und weich werden lassen.

Die Schokolade fein hacken und über dem Wasserbad schmelzen, dann mit dem eingeweichten Gebäck verkneten. Wenn der Teig zu weich zum Formen ist, stellt man ihn für ein paar Minuten in den Kühlschrank.

Aus dem Teig kleine Kugeln von ca. 2 bis 3 Zentimetern Durchmesser formen.

DEKOR

25 g gehackte Mandeln
25 g Schokoladenstreusel
25 g Schokoladenraspeln
25 g Kokosraspeln
25 g gemahlene Haselnüsse
25 g gehackte Pistazien
evtl. 1 Eiweiß

Die gehackten Mandeln in einer Pfanne ohne Fett unter Rühren rösten. Die Rumkugeln nach Belieben in Nüssen, Streuseln oder Raspeln wälzen. Falls das Dekor nicht so gut haftet, die Kugeln mit etwas Eiweiß bestreichen.

Granatapfellikör

Ergibt ca. 2 Liter

LIKÖR

2 kg Granatapfelkerne
(aus ca. 3 kg Granatäpfeln)
800 g Zucker
800 ml mindestens
38 %iger Schnaps
(zum Beispiel
Fürst Bismarck Korn)

DEKOR

Granatapfelkerne

Die Granatapfelkerne – einige für die Deko zurücklegen – in einem großen Gefäß mit einem Kartoffelstampfer zerdrücken. Dann Zucker darüberstreuen und zum Schluss den Alkohol darübergießen, bis alles bedeckt ist.

Diesen Ansatz nun einmal am Tag umrühren und 5 Wochen leicht kühl stehen lassen.

Danach wird der Likör mithilfe eines Trichters durch ein feines Sieb in Flaschen umgefüllt. Zur Dekoration ein paar frische Granatapfelkerne mit in die Flasche geben.

So wie hier beschrieben, können Sie auch aus allen anderen Früchten einen leckeren Likör herstellen.

Granatapfel-
likör

Von Zucker geküsster Apfel

Ergibt 3 Stück

Die Äpfel waschen, Stiel und Blütenansätze entfernen. In jeden Apfel einen Holzspieß stecken.

Zucker mit Zitronensaft und Wasser bei mittlerer Hitze unter Rühren schmelzen und bei starker Hitze leicht karamellisieren lassen. Die Flüssigkeit ein wenig bei mittlerer Hitze einkochen lassen, bis sie dickflüssig wird. Die Zuckermasse mit 3 bis 4 Tropfen roter Lebensmittelfarbe einfärben, bis sie den gewünschten Rotton hat.

Die Äpfel einzeln mit der Zuckerlösung überziehen und komplett umhüllen. Direkt danach auf ein mit Zucker bestreutes Blech stellen und auskühlen lassen.

ROTER APFEL

3 Äpfel
500 g Zucker
200 g Zitronensaft
100 g Wasser
rote Lebensmittelfarbe

ZUSÄTZLICH

3 Holzspieße

Noch bezaubernder werden die Liebesäpfel, wenn Sie statt der Holzspieße kleine, gesäuberte Äste ohne Rinde nehmen.

Scharfe Zipfelmütze

Ergibt ca. 50 Stück

Die pure Verführung zum Naschen.

Die Chilischoten halbieren und von Stielansatz, Samen sowie Scheidewänden befreien. Vier Schotenhälften mit Sahne und Honig zum Kochen bringen. Die Sahne vom Herd nehmen, sieben und die fein gehackte Kuvertüre darin auflösen.

Die Masse auf 25 °C abkühlen lassen und dann mit der Butter aufschlagen. In einen Spritzbeutel mit großer Sternentülle füllen und die Masse in Papierförmchen für Mini-Muffins spritzen.

Die dritte Chilischote in sehr kleine Scheiben schneiden, in Zucker wälzen und die Pralinen damit verzieren.

PRALINE

3 kleine rote Chilischoten
130 ml Sahne
30 g Honig
300 g Zartbitterkuvertüre
50 g weiche Butter

DEKOR

3 EL Zucker

ZUSÄTZLICH

ca. 50 Papierförmchen
für Mini-Muffins oder
Pralinenkapseln

Eine süße Sünde – Selbstgemachtes auf die Schnelle!

Marzipankartoffeln
Ergibt ca. 35 Stück
mit Amaretto

KUGELN

250 g Marzipanrohmasse
150 g Puderzucker
10 g Amaretto

DEKOR

Kakaopulver

Marzipanrohmasse und Puderzucker miteinander verkneten.
Nach und nach den Amaretto unterkneten.

Die Masse in ca. 35 Stücke (je ca. 12 g schwer) teilen und
daraus Kugeln formen, diese in Kakaopulver schwenken.

Weiße Schokoladenblüten in Kakaohülle

Ergibt ca. 30 Stück

BLÜTEN

70 g Sahne
6 g Zimt
300 g weiße Kuvertüre
50 g weiche Butter

DEKOR

50 g Kakaopulver

Die Sahne mit 1 g Zimt zum Kochen bringen und vom Herd nehmen.

Die Kuvertüre fein hacken, nach und nach in der heißen Sahne auflösen und auf 25 °C abkühlen lassen. Dann mit der Butter aufschlagen und noch einmal kalt stellen, sodass die Masse spritzfähig wird.

Den Kakao mit dem restlichen Zimt mischen und in ein flaches Gefäß füllen, sodass der Boden bedeckt ist.

Die Sahne-Kuvertüre-Masse in einen Spritzbeutel mit großer Sternentülle füllen und Blüten auf den Kakao spritzen. Zum Aushärten wieder kalt stellen.

Zimtstangen im Schokoladenmantel

Ergibt ca. 60 Stück

TEIG

100 ml Milch
15 g frische Hefe
1 EL Zimt
Mark aus 1 Vanilleschote
1 Prise Salz
2 EL Zucker
200 g Mehl

Die Milch lauwarm erwärmen und die Hefe darin auflösen. Zimt, Vanillemark, Salz, Zucker und Mehl hinzufügen und zu einem glatten Teig verkneten. Den Teig mit einem Tuch bedecken und an einem warmen Ort ca. 1 Stunde aufgehen lassen.

Dann aus dem Teig 15 cm lange Stangen formen und auf ein mit Backpapier belegtes Blech legen. Im vorgeheizten Backofen bei 250 °C (Umluft) 8 bis 10 Minuten backen, bis die Stangen knusprig sind.

DEKOR

100 g Zartbitterschokolade
200 g brauner Zucker
gehackte Mandeln und
Nüsse, evtl. geröstet

Nach dem Auskühlen die gehackte Schokolade über dem Wasserbad schmelzen und die Stangen zur Hälfte eintunken und in braunem Zucker oder Nüssen wälzen.

Zarte Knusperflocken

Ergibt ca. 60 Stück

Die Schokolade klein hacken und über einem Wasserbad schmelzen. Die Trockenfrüchte sehr fein würfeln.

Mandeln, Cornflakes und Früchte mischen und vorsichtig mit der Schokolade vermengen.

Mit einem Teelöffel kleine Häufchen (ca. 3 x 3 cm) auf ein Backpapier setzen und aushärten lassen.

Knusperflocken

450 g weiße Schokolade
50 g Trockenfrüchte
120 g Mandelstifte
100 g Cornflakes

Gebrannte Vanille-Mandeln

Ergibt ca. 350 g

MANDELN

150 g Zucker
4 TL Wasser
1 Messerspitze Zimt
Mark aus ½ Vanilleschote
oder ¼ TL gemahlene Vanille
200 g ungeschälte Mandeln
5 g Butter

Zucker, Wasser, Zimt und Vanille zum Kochen bringen. Bei kleiner Hitze die Mandeln hinzugeben und ca. ½ Minute kräftig weiter rühren. Unter ständigem Rühren bei mittlerer Hitze den Zucker karamellisieren lassen.

Den Topf von der Herdplatte nehmen und Butter untermischen. Die gebrannten Mandeln auf ein mit Backpapier belegtes Backblech verteilen und auskühlen lassen.

Einladung zum Adventskaffee

„Ihr Kinderlein kommet ..."

Ihr Kinderlein kommet

**Melodie von Johann Abraham Peter Schulz, 18. Jahrhundert,
Text von Christoph von Schmid, 19. Jahrhundert**

Ihr Kinderlein, kommet, o kommet doch all'!
Zur Krippe her kommet in Bethlehems Stall,
und seht, was in dieser hochheiligen Nacht
der Vater im Himmel für Freude uns macht.

O seht in der Krippe, im nächtlichen Stall,
seht hier bei des Lichtleins hellglänzendem Strahl
in reinlichen Windeln das himmlische Kind,
viel schöner und holder als Engel es sind.

Da liegt es – das Kindlein – auf Heu und auf Stroh;
Maria und Josef betrachten es froh;
die redlichen Hirten knien betend davor,
hoch oben schwebt jubelnd der Engelein Chor.

Manch Hirtenkind trägt wohl mit freudigem Sinn
Milch, Butter und Honig nach Bethlehem hin;
ein Körblein voll Früchte, das purpurrot glänzt,
ein schneeweißes Lämmchen mit Blumen bekränzt.

O betet: Du liebes, Du göttliches Kind
was leidest Du alles für unsere Sünd'!
Ach hier in der Krippe schon Armut und Not,
am Kreuze dort gar noch den bittern Tod.

O beugt wie die Hirten anbetend die Knie,
erhebet die Händlein und danket wie sie!
Stimmt freudig, ihr Kinder, wer sollt sich nicht freun,
stimmt freudig zum Jubel der Engel mit ein!

Was geben wir Kinder, was schenken wir Dir,
du Bestes und Liebstes der Kinder, dafür?
Nichts willst Du von Schätzen und Freuden der Welt –
ein Herz nur voll Unschuld allein Dir gefällt.

So nimm unsre Herzen zum Opfer denn hin;
wir geben sie gerne mit fröhlichem Sinn –
und mache sie heilig und selig wie Deins,
und mach sie auf ewig mit Deinem nur Eins.

Walnussecken

Ergibt ca. 20 Stücke

TEIG

130 g Zartbitterkuvertüre
200 g weiche Butter
5 Eier
380 g brauner Rohrzucker
150 g Mehl
20 g Kakaopulver
½ TL Backpulver
1 Prise Salz
200 g Walnusskerne

Die Kuvertüre fein hacken und zusammen mit der Butter über einem Wasserbad schmelzen.

Die Eier mit dem Zucker schaumig schlagen, die geschmolzene Butter-Kuvertüre-Mischung unterrühren. Mehl, Kakao, Backpulver und Salz mischen, sieben und kurz unterheben.

Die Walnüsse auf ein hohes Backblech geben und den Teig darüber streichen. Im vorgeheizten Backofen bei 180 °C (Umluft) 30 bis 35 Minuten backen.

Nach dem Abkühlen in 20 viereckige Stücke schneiden und nach Belieben verzieren.

60

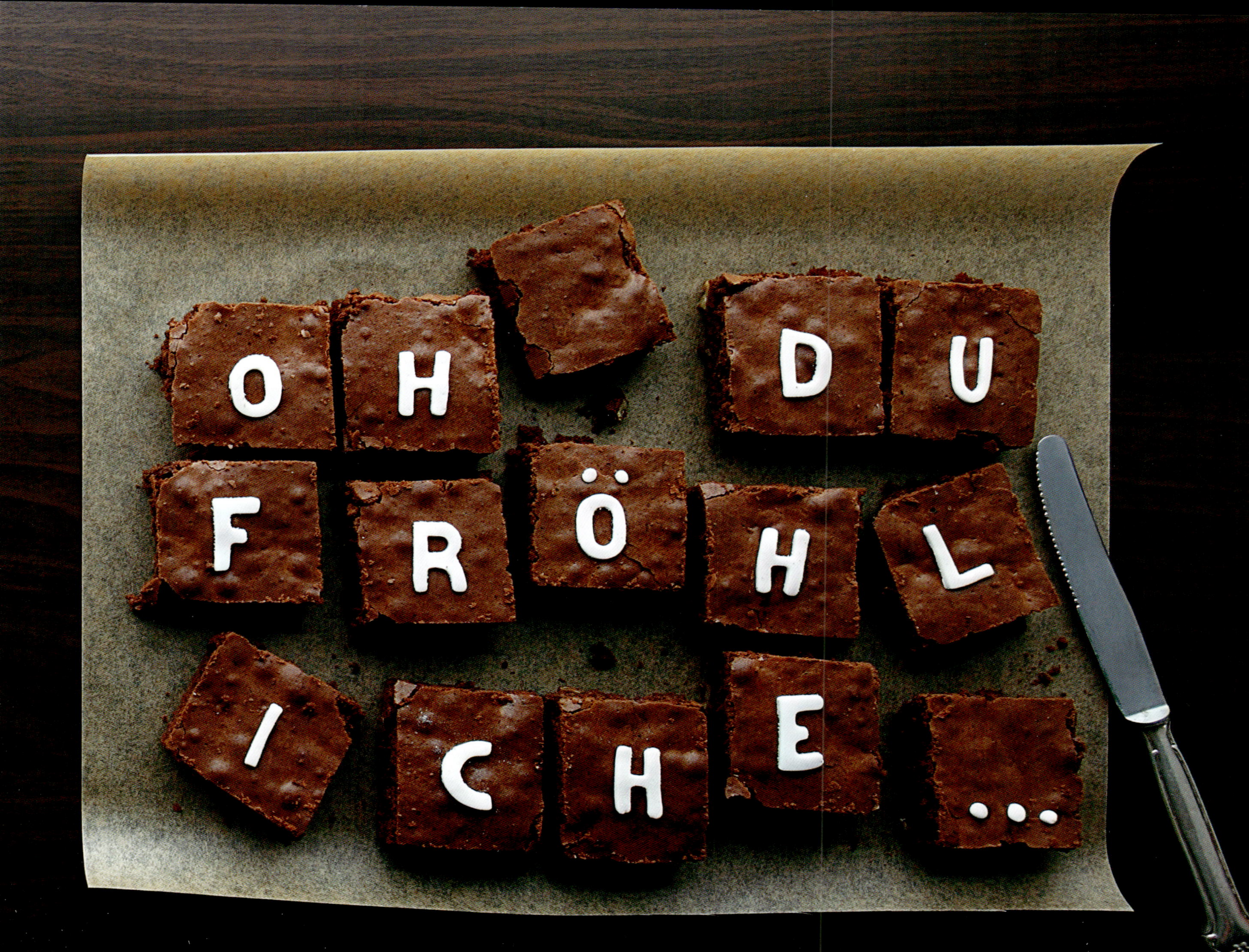
OH DU
FRÖHL
ICHE...

Zimt wärmt Leib und Seele.

Einen ebenso guten Verwöhnkaffee
erhält man, wenn statt des Zimtsirups
Haselnusssirup genommen wird.

Wärmender Winterkaffee

Ergibt 2 Gläser

DRINK

300 ml Milch
2 cl Zimtsirup
(zum Beispiel von Monin)
1 doppelter Espresso

Die Milch aufkochen, aufschäumen und in ein Glas geben. Den Sirup hinzufügen. Den doppelten Espresso mit Kakaopulver vermischen und über einen Teelöffel auf den Milchschaum gießen. Mit Kakaopulver garnieren.

DEKOR

3 TL Kakaopulver

Glühwein-Schnittchen mit Schmandcreme

Ergibt ca. 20 Stücke

Für den Teig Butter, Zucker, Vanillezucker und Salz schaumig rühren. Zuerst Zimt, dann die Eier nacheinander unterrühren.

Mehl, Stärke und Backpulver mischen und unterrühren. Den Teig gleichmäßig auf ein mit Backpapier ausgelegtes Backblech geben, glatt streichen und

im vorgeheizten Backofen bei 150 °C (Umluft) ca. 20 Minuten backen, bis er goldbraun ist. Dann ca. 30 Minuten auskühlen lassen.

Für den Belag den Schmand und 20 g Zucker mit dem Schneebesen glatt rühren. Sahne mit 30 g Zucker steif schlagen und unter den Schmand heben.

Den Kuchenboden vom Backpapier lösen und einen quadratischen Backrahmen herum setzen. Die Schmandcreme auf den Kuchen geben, glatt verstreichen und ca. 15 Minuten kalt stellen.

In der Zwischenzeit die Gelatine mindestens 5 Minuten in Wasser einweichen, ausdrücken und über einem Wasserbad mit 100 g Zucker auflösen.

Die aufgelöste Gelatine nach und nach mit dem Glühwein glatt rühren. Den Guss gleichmäßig auf der Creme verteilen und den Kuchen über Nacht kalt stellen.

TEIG

250 g Butter
200 g Zucker
1 Päckchen Vanillezucker
1 Prise Salz
½ TL Zimt
5 Eier
300 g Mehl
70 g Speisestärke
2 TL Backpulver

BELAG

250 g Schmand
50 g Zucker
250 g Sahne

GUSS

7 Blatt Gelatine
100 g Zucker
400 ml Glühwein

Schoko-Windbeutel mit Vanillecreme

Ergibt ca. 30 Stück

Den Vanillepudding am besten einen Tag vorher laut Packungsangabe aber mit weniger Milch zubereiten – statt mit 500 ml mit nur 300 ml Milch kochen.

Für den Teig Butter, Wasser, Salz und Zucker aufkochen und vom Herd nehmen.

Mehl und Kakaopulver sieben, mischen und in die heiße Flüssigkeit geben. Alles zu einem Teigkloß verrühren, bei mittlerer Hitze und unter ständigem Rühren den Teig abbrennen, also so lange erhitzen, bis der Teig einen hellen Film auf dem Boden des Topfes hinterlässt.

Den Teig etwas abkühlen lassen, dann die Eier einzeln unterkneten. Den Teig in einen Spritzbeutel mit großer Sternentülle füllen und ca. 5 cm große, hohe Tupfen auf ein mit Backpapier belegtes Backblech spritzen. Im vorgeheizten Backofen 20 Minuten bei 180 °C (Umluft), dann noch 10 Minuten bei 160 °C backen.

Nach dem Abkühlen die Windbeutel mit einem Messer halbieren. Quark, 300 g Vanillepudding, Puderzucker und Vanillearoma zusammen aufschlagen, in einen Spritzbeutel mit großer Tülle füllen, auf die Unterseiten der Windbeutel spritzen und das Gebäck zusammensetzen.

TEIG

150 g Butter
250 ml Wasser
1 Prise Salz
100 g Zucker
200 g Mehl
50 g Kakaopulver
5 Eier

FÜLLUNG

1 Päckchen Vanille-
puddingpulver
200 g Quark
(40 % Fett i. Tr.)
50 g Puderzucker
3 Tropfen Vanillearoma

67

Sahnig-zarte Pistazienrolle

Ergibt ca. 8 Stücke

Teig

130 g Mehl
½ TL Backpulver
3 Eier
220 g Zucker
1 Prise Salz

Füllung

2 Blatt Gelatine
300 g Sahne
200 g Quark (40 % Fett i. Tr.)
60 g Pistazienmark (Internethandel oder Bioladen)
2 Tropfen Zitronenaroma

Dekor

50 g Puderzucker
1 EL gehackte oder
geriebene Pistazien

Mehl und Backpulver mischen und sieben. Die Eier trennen, Eiweiß steif schlagen und 120 g Zucker nach und nach hinzufügen.

Die Eigelbe unter die Eiweißmasse heben, dann die Mehl-Back-
pulver-Mischung und das Salz unterheben. Die Masse auf ein mit
Backpapier belegtes Backblech streichen und im vorgeheizten
Backofen bei 200 °C (Umluft) 8 Minuten goldbraun backen.

Danach die Teigplatte sofort auf ein mit Zucker bestreutes, feuch-
tes Geschirrtuch stürzen, das Backpapier lösen und den Teig
mithilfe des Geschirrtuchs aufrollen.

Die Gelatine 5 Minuten in Wasser einweichen. Die Sahne mit
30 g Zucker steif schlagen. Quark, Pistazienmark und Zitronenaroma miteinander verrühren. Die Gelatine leicht ausdrücken und
über einem Wasserbad unter ständigem Rühren auflösen. Mit der
Quarkmasse vermischen und unter die Sahne heben.

Den Teigboden entrollen, die Quarksahne darauf verteilen, einen
ca. 1 cm breiten Rand frei lassen und den Teig erneut aufrollen.
Die Rolle über Nacht kühl stellen.

Die Pistazienrolle zum Servieren mit Puderzucker und Pistazien
bestreuen und die beiden Enden dünn abschneiden.

Himmlische Haselnusstorte mit Cointreau

Ergibt 12 Stücke

Die Eier trennen. Die Eigelbe mit 300 g Zucker schaumig schlagen und nach und nach die Haselnüsse und den Orangenlikör unterrühren.

Mehl und Backpulver sieben und vorsichtig unter die Eigelbmasse heben. Eiweiß mit dem Rest des Zuckers schaumig schlagen und ebenfalls vorsichtig unterheben.

Die Masse in eine gefettete und bemehlte Backform füllen. Den Teig im vorgeheizten Backofen bei 180 °C (Umluft) 20 bis 30 Minuten backen.

Die Torte auf einem Kuchengitter erkalten lassen und aus der Form lösen.

Den Schokoladenguss über dem Wasserbad erhitzen und schmelzen lassen. Wenn der Kuchen komplett ausgekühlt ist, mit Schokoladenguss überziehen. Nach dem Aushärten in 12 Stücke teilen und mit Kuvertürespäne verzieren

TEIG

10 Eier
380 g Zucker
500 g gemahlene Haselnüsse
100 ml Cointreau (Orangenlikör)
30 g Mehl
1 TL Backpulver

DEKOR

500 g Schokoladenguss (Fertigprodukt)
Kuvertüre

ZUSÄTZLICH

Backform mit 26 cm Durchmesser

70

Winterlicher Verwöhncocktail für mich und meine Freunde.

Heiße Mandelmilch

Ergibt 1 Glas

DRINK

200 ml Milch
4 cl Amaretto

DEKOR

1 Prise Zucker
1 Prise Zimt

Die Milch aufkochen und aufschäumen. Den Amaretto in ein Glas geben. Zuerst den Milchschaum auf den Amaretto geben, dann die heiße Milch über einen Löffel in das Glas gießen. Zucker mit Zimt mischen und über den Schaum streuen.

Schokoladige Kaffee-Törtchen

Ergibt ca. 15 Stück

TEIG

200 g weiche Butter
4 Eier
200 g brauner Zucker
200 g Mehl
1 TL Backpulver
20 g Kakaopulver
20 g gemahlene Mandeln
1 Prise Salz

DEKOR

200 ml Sahne
500 g Schokolade mit
Kaffeegeschmack
ca. 15 Kaffeebohnen

ZUSÄTZLICH

Muffinblech oder kleine
Förmchen

Für die Dekorhaube die Schokolade in kleine Stückchen hacken. Die Sahne aufkochen, vom Herd nehmen und 400 g Schokolade darin auflösen, kalt stellen.

Für den Teig die restliche Schokolade und die Butter über einem Wasserbad schmelzen lassen. Eier und Zucker schaumig schlagen, mit der abgekühlten Butter-Schokoladen-Mischung verrühren.

Mehl, Backpulver, Kakao, Mandeln und Salz mischen und unterheben. 15 Förmchen einfetten, mit Mehl bestreuen und den Teig einfüllen. Den Teig im vorgeheizten Backofen bei 200 °C (Umluft) 20 Minuten backen.

Nach dem Abkühlen die Törtchen aus den Formen lösen. Die kalte Schokoladen-Sahne-Mischung kurz aufschlagen, in einen Spritzbeutel mit großer Sternentülle füllen und Hauben auf die Törtchen spritzen, zum Abschluss mit einer Kaffeebohne verzieren.

Lebkuchen-Sahnetorte

Ergibt 12 Stücke

Für den Teig Eier und Zucker in einer Schüssel über einem Wasserbad unter ständigem Rühren mit einem Schneebesen leicht erwärmen, bis die Masse lauwarm ist, die Schüssel vom Wasserbad nehmen und weiterschlagen, bis die Masse kalt ist.

Mehl, Weizenpuder und Kakao sieben und unter die Masse heben. Die Masse in eine gefettete, bemehlte Springform füllen, den Teig im vorgeheizten Backofen bei 180 °C (Umluft) ca. 40 Minuten backen.

Den Biskuit auf einem Kuchengitter auskühlen lassen, dann in zwei ca. 1 cm dicke Böden schneiden, einen davon in einen Tortenring legen.

Die Gelatineblätter ca. 5 Minuten in kaltem Wasser einweichen, leicht ausdrücken und über einem Wasserbad unter ständigem Rühren auflösen.

Rum mit Lebkuchengewürz mischen und unter die aufgelöste Gelatine ziehen.

Die Sahne mit dem Zucker steif schlagen und die Gelatine unter die Sahne heben. In den vorgefertigten Ring füllen und einen Boden obendrauf legen. Über Nacht in den Kühlschrank stellen.

Am nächsten Tag die Torte aus dem Ring lösen. Dünn und grob mit 300 g geschlagener Sahne einstreichen.

Fondant auf ca. 36 cm Durchmesser ausrollen (alternativ Marzipan und Puderzucker verkneten und ausrollen). Die Torte damit eindecken und unten am Rand abschneiden. Von dem Rest Sterne ausstechen und die Torte damit dekorieren.

FÜLLUNG

5 Blatt Gelatine
30 ml Rum
½-1 Päckchen Lebkuchen-gewürz
500 g Sahne
50 g Zucker

TEIG

3 Eier
110 g Zucker
60 g Mehl
60 g Weizenpuder
(oder Speisestärke)
10 g Kakaopulver

ZUSÄTZLICH

Springform mit 26 cm Durchmesser
Tortenring

DEKOR

300 g Sahne
500 g Rollfondant (Konditor
oder Internethandel, alternativ 600 g Marzipanrohmasse
und 400 g Puderzucker)

Feine
Weihnachtsmenüs

"Alles sieht so festlich aus ..."

Weihnachten

Text von Joseph von Eichendorff, 1788 - 1857

Markt und Straßen stehn verlassen,
Still erleuchtet jedes Haus,
Sinnend geh ich durch die Gassen,
Alles sieht so festlich aus.

An den Fenstern haben Frauen
Buntes Spielzeug fromm geschmückt,
Tausend Kindlein stehn und schauen,
Sind so wunderstill beglückt.

Und ich wandre aus den Mauern
Bis hinaus ins freie Feld,
Hehres Glänzen, heilges Schauern!
Wie so weit und still die Welt!

Sterne hoch die Kreise schlingen,
Aus des Schnees Einsamkeit
Steigts wie wunderbares Singen –
O du gnadenreiche Zeit!

Menü 1

Orientalischer Feldsalat mit Entenbrust

Rosa Schweinefilet mit Pastinaken

Spekulatius-Kaffee-Traum mit Mascarponecreme

Orientalischer Feldsalat mit Entenbrust

Ergibt 4 Portionen

Die Entenbrust waschen und mit Küchenpapier trocken tupfen. Die Haut mit einem sehr scharfen Messer rautenförmig einritzen, salzen und pfeffern. Mit der Hautseite nach unten in eine beschichtete, kalte Pfanne legen und bei mittlerer Hitze von beiden Seiten kurz anbraten (je ca. 1 bis 2 Minuten).

Die gebratenen Entenbrüste im vorgeheizten Backofen bei 100 °C (Unter- und Oberhitze) 10 bis 15 Minuten weitergaren.

Den Feldsalat verlesen, waschen und abtropfen lassen. Die Orangen schälen, dabei auch die weiße Haut entfernen, filetieren und den Saft dabei auffangen. Den Granatapfel aufbrechen und die Kerne herauslösen. Die Datteln klein würfeln und die Schalotte in feine Ringe schneiden.

Das Öl mit dem aufgefangenen Fruchtsaft, Essig, Honig und Schmand verrühren. Mit Salz und Pfeffer würzen, die Schalottenringe hinzufügen und gut durchziehen lassen.

Die fertige Entenbrust in Alufolie wickeln und ca. 5 Minuten zur Seite stellen. So bleibt der Saft im Fleisch erhalten. Dann in Scheiben schneiden und den Salat mit Dressing, Granatapfel, Datteln und grob zerbrochenen Walnüssen dazu anrichten.

Wenn Sie den Salat mit einem Karamellgitter garnieren wollen, lassen Sie den Zucker mit 2 EL Wasser in einer Pfanne zu einer hellbraunen Masse schmelzen. Ziehen Sie mit einer Gabel schwungvoll Karamellfäden über ein Backpapier. Nach dem Erkalten vorsichtig vom Backpapier ziehen und auf den Salat legen.

FLEISCH

400 g Barbarie-Entenbrust
Salz
Pfeffer

SALAT

250 g Feldsalat
2 Orangen
1 Granatapfel
1 Handvoll Datteln
1 kleine Schalotte
40 g Walnüsse

DRESSING

4 EL Öl
2 EL Himbeer-Balsam-
Essig
1 TL Honig
1 gehäufter EL Schmand

DEKOR

100 g Zucker

Rosa Schweinefilet mit Pastinaken

Ergibt 4 Portionen

FLEISCH

1 kg Schweinefilet
125 g Butter
Chilisalz

PASTINAKEN

2 Pastinaken
Olivenöl
Salz
schwarzer Pfeffer
aus der Mühle

SOSSE

2 Schalotten
1 Knoblauchzehe
1 kleines Stück Ingwer
Olivenöl
3 Thymianzweige
1 Lorbeerblatt
600 ml Rinder- oder
Kalbsfond
150 ml Portwein
Salz
Pfeffer
100 g kalte Butterstückchen

Die Butter für das Fleisch bei niedriger Temperatur köcheln lassen, bis sich auf dem Topfboden eine dunkelbraune Fettschicht absetzt und die Butter schäumt. In ein mit Küchenpapier ausgelegtes Sieb gießen und die braune Butter in einer Schüssel auffangen.

Das Schweinefilet in einer Pfanne bei mittlerer Hitze mit etwas brauner Butter kurz rundum anbraten, dann auf einem Ofengitter in die mittlere Schiene des auf 100 °C vorgeheizten Backofens (Unter- und Oberhitze) schieben, darunter ein Abtropfblech stellen. Das Filet 40 bis 45 Minuten garen, bis das Innere rosa ist. Anschließend das Fleisch in Scheiben schneiden und mit Chilisalz würzen.

Die Pastinaken waschen, schälen und in ca. ½ cm dicke Scheiben schneiden. In einer Pfanne mit Olivenöl 3 Minuten leicht anbraten, mit etwas Salz und Pfeffer würzen, dann beiseite stellen.

Schalotten, Knoblauch und Ingwer schälen und in grobe Stücke schneiden. In einem Topf mit Olivenöl kurz anbraten, 2 Thymianzweige, Lorbeerblatt, Fond und 120 ml Portwein hinzugeben und auf die Hälfte einköcheln lassen. Im Anschluss durch ein Sieb gießen und mit einem Löffel ausdrücken. Die Soße wieder auf den Herd stellen.

Den restlichen Portwein hinzugeben, mit Salz und Pfeffer würzen und weiter köcheln lassen. Mit einem Schneebesen ständig rühren und dabei Butterstückchen hineingeben, bis die Soße die richtige Konsistenz hat. Die Pastinaken und den restlichen Thymian hinzugeben und kurz ziehen lassen. Als Beilage bieten sich Tagliatelle oder Gnocchi an.

Spekulatius-Kaffee-Traum mit Mascarponecreme

Ergibt 4 Portionen

Mascarpone mit Quark, Milch, Zucker und Vanillezucker zu einer glatten Creme verrühren.

Instantkaffee und Espresso mit dem Weinbrand vermischen. Die Spekulatiuskekse kurz in das Kaffee-Weinbrand-Gemisch tauchen und abwechselnd mit der Creme in eine flache Auflauf-Form oder in vier Tassen schichten. Die letzte Schicht Creme mit Kakao oder Zimt und Zucker bestreuen.

CREMEFÜLLUNG

200 g Mascarpone
100 g Magerquark
100 ml Milch
50 g Zucker
1 Päckchen Vanillezucker

KEKSFÜLLUNG

2 EL Instantkaffee
1 Espresso
4 cl Weinbrand
100 g Spekulatius

DEKOR

Kakaopulver oder
Zimt und Zucker

Den Spekulatius nur in Kakaogetränk tauchen, dann ist es auch für Kinder geeignet.

Menü 2

Feine Erbsensuppe mit Minze

Entenkeulen mit karamellisierten Äpfeln

Heiße Honig-Grapefruit mit einem Hauch Sternanis

Feine Erbsensuppe mit Minze

Ergibt 4 Portionen

SUPPE

1 Schalotte
1 EL Butter
450 g TK-Erbsen
200 ml trockener Weißwein
(alternativ Gemüsebrühe mit
etwas Zitronensaft)
400 ml Gemüsefond
½ Bund Minze
200 ml Sahne
Salz
Cayennepfeffer
Zucker
schwarzer Pfeffer

Die Schalotte fein hacken und in heißer Butter glasig andünsten, dann die Erbsen dazugeben und kurz mit dünsten. Mit Weißwein ablöschen und den Gemüsefond dazugeben. Ca. 8 Minuten köcheln lassen. 3 EL Erbsen schon nach 3 Minuten aus dem Sud nehmen, kalt abschrecken und zur Seite stellen.

Die Blätter der Minze in die Suppe geben, einige für die Deko zurückbehalten. Die Sahne dazugießen und die Suppe pürieren. Wenn es besonders fein werden soll, die Suppe im Anschluss durch ein Sieb streichen.

Die Suppe mit Salz, Cayennepfeffer und etwas Zucker abschmecken, mit den Erbsen, der Minze und dem schwarzen Pfeffer anrichten.

Mit Backerbsen als zusätzlicher Einlage wird es besonders lecker. Diese erst kurz vor dem Verzehr über die Suppe geben, da sie sehr schnell aufweichen.

Entenkeulen mit karamellisierten Äpfeln

Ergibt 4 Portionen

Die Äpfel vierteln, entkernen und mit Calvados, Zucker und Salbei mischen.

ÄPFEL

3 Äpfel
4 EL Calvados
50 g brauner Zucker
10 g Salbeiblätter

FLEISCH

4 küchenfertige Entenkeulen
à 300 g
1 EL Olivenöl
Meersalz
schwarzer Pfeffer aus der
Mühle
125 ml Hühnerbrühe

Die Entenkeulen salzen und pfeffern und in einer großen, beschichteten, ofenfesten Pfanne im heißen Öl von allen Seiten 2 bis 3 Minuten goldbraun anbraten. Nun die Äpfel mit der Schnittseite nach unten dazugeben und 1 Minute mitbraten. Die Brühe dazugießen und aufkochen.

Die Pfanne in den auf 180 °C (Unter- und Oberhitze) vorgeheizten Backofen geben und die Keulen 25 bis 30 Minuten schmoren, bis das Fleisch gar und die Soße sirupartig eingedickt ist.

Die Entenkeulen mit Bandnudeln oder rohen Klößen servieren.

95

Heiße Honig-Grapefruit mit einem Hauch Sternanis

Ergibt 4 Portionen

Die Grapefruits halbieren und das Fruchtfleisch an den Zwischenhäuten entlang einschneiden. Kerne soweit wie möglich entfernen. Die Früchte in eine feuerfeste, ungefettete Form setzen.

Honig, Butter, Wermut, Zimt und Pfeffer vermischen und auf die Grapefruits geben. Den Backofen auf 200 °C vorheizen und die Früchte 15 Minuten garen. Jede Hälfte mit einem Anisstern verzieren und heiß servieren.

DEKOR

4 Anissterne

SOSSE

40 g Honig
20 g Butter
3 cl Wermut
(zum Beispiel Martini)
1 TL Zimt
1 Prise schwarzer Pfeffer

FRÜCHTE

2 rosa Grapefruits

Ein ganz besonderes Dessert für das Fest.

97

Mohnhappen

Ergibt 6 bis 8 Portionen

MOHNHAPPEN

4 Brötchen
400 g gemahlener Mohn
200 g Zucker
1 l Milch

Die Brötchen in Würfel schneiden. Den Mohn mit dem Zucker mischen.

Die Brötchenwürfel abwechselnd mit dem Mohn-Zucker-Gemisch in einer Schüssel schichten. Die Milch zum Kochen bringen und nach und nach darübergießen.

Die Masse abkühlen lassen und dann für ca. 5 Stunden kalt stellen. Eventuell später noch einmal Milch nach gießen.

„Mohnhappen gab es bei unserer Oma in ihrer Kindheit immer Heiligabend nach der Mitternachtsmesse. Die ganze Familie aß dann zusammen aus einer Schüssel. Und so machen wir es heute in unseren Familien immer noch!“

Menü 3

Schafskäsetaler mit Preiselbeeren

Sternravioli auf Walnuss-Soße

Bratapfel-Muffins mit Karamellsoße

Schafskäsetaler mit Preiselbeeren

Ergibt 6 Stück

Die Blätterteigplatten nebeneinander liegend auftauen lassen. Die Frühlingszwiebeln sorgfältig putzen, in feine Ringe schneiden, mit Schmand und Schafskäse vermischen und gut mit Pfeffer und Salz abschmecken.

Das Eigelb mit 1 EL Milch verquirlen. Aus dem Teig Kreise ausstechen (zum Beispiel mit einem Glas), die das komplette Förmchen inklusive Rand ausfüllen. Den Teig mit der Eigelb-Milch-Mischung bestreichen und in kleine Tartelette-Förmchen legen.

Die Schafskäsecreme in die mit Blätterteig ausgelegten Förmchen füllen. Die Taler im vorgeheizten Backofen bei 200 °C (Unter- und Oberhitze) ca. 20 Minuten backen. Die fertigen Taler mit Preiselbeeren anrichten, mit feinen Streifen von Porree und kleinen Basilikumblättchen dekorieren und warm oder kalt servieren.

KÄSETALER

150 g TK-Blätterteig
½ Bund Frühlingszwiebeln
100 g Schmand
200 g cremiger Schafskäse
1 Eigelb
1 EL Milch
175 g Preiselbeeren-Kompott
Salz
Pfeffer

DEKOR

Porree
Basilikum

ZUSÄTZLICH

Tartelette-Förmchen

Sternravioli auf Walnuss-Soße

Ergibt 6 Portionen

RAVIOLI

450 g feiner Hartweizengrieß
5 Eier
Salz
250 g TK-Blattspinat, aufgetaut
3 EL Margarine
220 g Parmesan
Muskat
Pfeffer

WALNUSS-SOSSE

2 kleine Schalotten
1 Knoblauchzehe
1½ TL Walnussöl
100 ml Weißwein
220 g Sahne
220 ml Gemüsebrühe
1 Bund glatte Petersilie
100 g gehackte Walnüsse
Salz
Pfeffer

DEKOR

30 g geriebener Pecorino
einige Blätter Majoran

Für die Ravioli aus Grieß, 4 Eiern und Salz mit den Knethaken in der Küchenmaschine einen Teig zubereiten und ca. 10 Minuten kneten lassen. Im Anschluss noch gute 5 Minuten mit der Hand kneten, evtl. noch etwas Mehl zugeben, bis der Teig nicht mehr klebt und sich ledrig anfühlt. Nun in Folie verpackt 15 Minuten ruhen lassen.

In der Zwischenzeit den aufgetauten Spinat gut ausdrücken. Die Margarine in einem Topf zerlassen, den Spinat dazugeben und etwa 3 Minuten rösten. Den Spinat etwas auskühlen lassen und mit einem Ei, Parmesan, Muskat, Salz und Pfeffer vermischen. WEITER GEHT ES AUF DER NÄCHSTEN SEITE.

ZUSÄTZLICH

Ausstechformen

Den Ravioliteig mit dem Nudelholz auf einer bemehlten Arbeitsfläche ausrollen oder mit Hilfe einer Nudelmaschine Nudelplatten herstellen. Aus dem Teig mit einer Ausstechform Sterne von ca. 7 cm Durchmesser ausstechen. Die Hälfte der Sterne in der Mitte mit Spinat belegen, den Teigrand mit Wasser befeuchten, den zweiten Stern auflegen und die Ränder mit einer Gabel fest zusammendrücken.

Die Ravioli etwa 10 Minuten auf einem Holzbrett trocknen lassen, danach ca. 7 Minuten in kochendem Salzwasser garen.

In der Zwischenzeit für die Soße die Schalotten und den Knoblauch fein würfeln. Das Walnussöl erhitzen und beides darin glasig dünsten. Mit Weißwein ablöschen und Sahne sowie Gemüsebrühe hinzugeben. Mit Salz und Pfeffer würzen, aufkochen und bei kleiner Hitze etwa 10 Minuten köcheln lassen, bis die Soße sämig ist.

Die Petersilie fein hacken. Walnüsse in die Soße geben, Petersilie unterheben und nach Bedarf mit Salz und Pfeffer abschmecken.

Die Ravioli mit der Soße mischen und mit Pecorino und Majoranblättchen bestreut servieren.

Wenn die Zeit zum Selbermachen fehlt:
Frische Ravioli oder Tortellini aus dem Kühlregal
schmecken natürlich auch sehr gut
zu der Walnuss-Soße.

Das obere Viertel der Äpfel abschneiden und das Gehäuse entfernen. Die Äpfel rundum bis ca. 1 bis 2 cm zum Rand aushöhlen. Das Fruchtfleisch in kleine Würfel schneiden.

Apfelwürfel und das Innere der Äpfel mit Zitronensaft bepinseln.

Ei, Zucker, Milch, Butter, Salz, Zimt und Vanillemark verrühren. Mehl und Backpulver sieben, vermischen und unter die Masse heben.

Die Mandeln in einer Pfanne ohne Fett rösten. Die Hälfte der Apfelstücke und die Mandeln unter den Teig heben, den Teig in die Äpfel füllen und im vorgeheizten Backofen bei 180 °C (Umluft) 25 bis 30 Minuten backen, bis der Teig goldbraun ist. Die Apfeldeckel zum Schluss eine Minute mitbacken und zum Verzieren benutzen.

In der Zwischenzeit für die Soße Butter und Zucker unter Rühren in der Pfanne schmelzen lassen. Die Sahne einrühren und unter ständigem Rühren langsam erhitzen, bis sich Bläschen bilden. Nach dem Abkühlen über die Bratäpfel gießen.

6 Äpfel
Saft von ½ Zitrone

KARAMELLSOSSE

50 g Butter
50 g Zucker
40 ml Sahne

Bratapfel-Muffins mit Karamellsoße

Ergibt 6 Stück

FÜLLUNG

1 Ei
40 g Zucker
25 ml Milch
25 g Butter
1 kleine Prise Salz
½ TL Zimt
Mark von ½ Vanilleschote
125 g Mehl
1½ TL Backpulver
20 g gehackte Mandeln

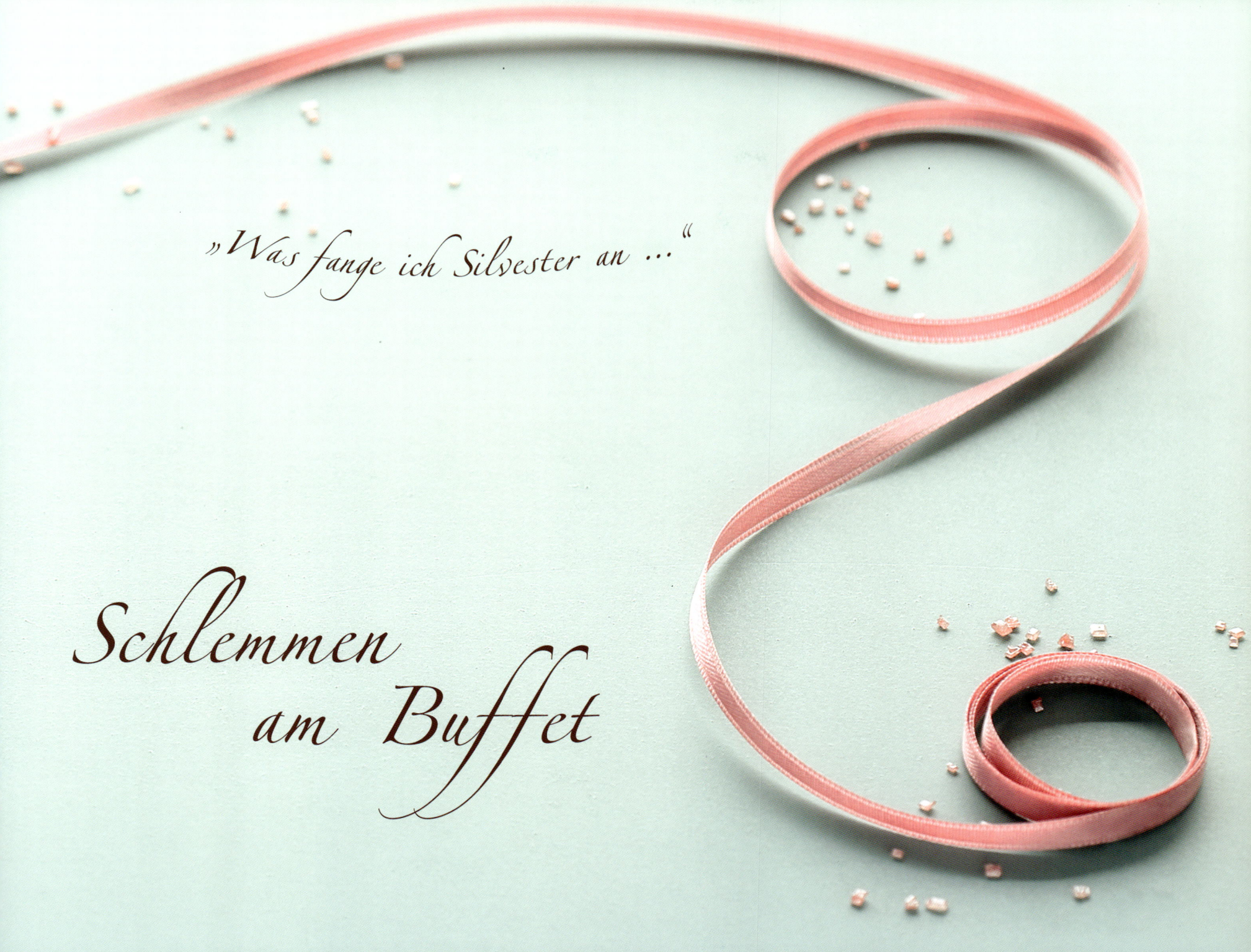

„Was fange ich Silvester an ..."

Schlemmen
am Buffet

112

Was fange ich Silvester an?

Kurt Tucholsky, 1890 - 1935

Geh ich in Frack und meinen kessen
Blausanen Strümpfen zu dem Essen,
Das Herr Generaldirektor gibt?
Wo man heut nur beim Tanzen schiebt?
Die Hausfrau dehnt sich wild im Sessel –
Der Hausherr tut das sonst bei Dressel –,
Das junge Volk verdrückt sich bald.
Der Sekt ist warm. Der Kaffee kalt –
Prost Neujahr!
Ach, ich armer Mann!
Was fange ich Silvester an?

Wälz ich mich im Familienschoße?
Erst gibt es Hecht mit süßer Sauce,
Dann gibt's Gelee. Dann gibt es Krach.
Der greise Männe selbst wird schwach.
Aufsteigen üble Knatschgerüche.
Der Hans knutscht Minna in der Küche.

Um zwölf steht Rührung auf der Uhr.
Die Bowle –? ("Leichter Mosel" nur –)
Prost Neujahr!
Ach, ich armer Mann!
Was fange ich Silvester an?

Mach ich ins Amüsiervergnügen?
Drück ich mich in den Stadtbahnzügen?
Schrei ich in einer schwulen Bar:
"Huch, Schneeballblüte! Prost Neujahr –!"
Geh ich zur Firma Sklarz Geschwister –
Bleigießen? Ists ein Fladen klein:
Dies wird wohl Deutschlands Zukunft sein ...
Prost Neujahr!
Helft mir armem Mann!
Was fang ich bloß Silvester an?

Himbeer-Prosecco

Ergibt 1 Glas

DRINK

3-4 TK-Himbeeren
50 ml Sprite
150 ml Prosecco

TK-Himbeeren noch gefroren in ein Glas geben. Sprite auf die Himbeeren gießen und mit Prosecco auffüllen.

Ein prickelndes Getränk, das auch sehr lecker mit anderen TK-Früchten wie zum Beispiel Erdbeeren schmeckt.

Spinat-Feta-Röllchen ohne Teig

Ergibt ca. 40 Stück

GRÜN

450 g TK-Rahmspinat, aufgetaut

2 Eier

200 g Gouda oder Edamer

ROT

1 Zwiebel

1 Knoblauchzehe

Öl

100 g Tomatenmark

3 EL Rotwein

200 g Feta aus Schafsmilch

Salz und Pfeffer

WEISS

200 g Frischkäse mit Kräutern

Den gut aufgetauten Spinat mit den Eiern verquirlen, auf einem mit Backpapier ausgelegten Backblech gleichmäßig verteilen und den geriebenen Gouda darüberstreuen. Im vorgeheizten Backofen bei 200 °C (Unter- und Oberhitze) ca. 20 Minuten garen, dann vollständig auskühlen lassen.

In der Zwischenzeit Zwiebel und Knoblauch fein hacken, in einem Topf mit etwas Öl andünsten. Tomatenmark zugeben, kurz anrösten und mit dem Rotwein ablöschen.

Den Feta hinzugeben, kurz erwärmen und den Topf vom Herd nehmen. Mit einem Kartoffelstampfer alles gut zerkleinern. Mit Salz und Pfeffer abschmecken.

Die gut ausgekühlte Spinatplatte erst gleichmäßig mit dem Kräuterfrischkäse bestreichen, dann die Tomaten-Feta-Creme vorsichtig auf dem Frischkäse verteilen. Die Platte der Länge nach halbieren, zu 2 Rollen formen und auf zwei genügend große Stücke Alufolie setzen. Gut eingewickelt für mindestens 2 Stunden in den Kühlschrank legen.

Die fertigen Rollen in etwa 2 cm dicke Scheiben schneiden und anrichten.

117

Mediterraner Nudelsalat

Ergibt ca. 8 Portionen

SALAT

500 g Nudeln (zum Beispiel
Penne)
1 Glas Pesto (ca. 185 g,
Genovese oder Rosso)
2 EL Olivenöl
250 g Cherry-Tomaten
1 gelbe Paprika
1 Bund Rucola
100 g schwarze Oliven ohne
Stein
2 Kugeln Mozzarella
2 Knoblauchzehen
50 g Pinienkerne
Basilikum
Salz
Pfeffer

Die Nudeln nach Packungsangabe garen, abgießen, abschrecken und abtropfen lassen. Das Pesto und 2 EL Olivenöl unter
die noch warmen Nudeln heben. Mit Salz und Pfeffer würzen.

Tomaten, Paprika und Rucola waschen und trocken tupfen
bzw. schleudern. Tomaten und Oliven halbieren, Paprika und
Mozzarella fein würfeln, den Knoblauch fein hacken.

Die Pinienkerne in einer beschichteten Pfanne ohne Fett anrösten, bis sie duften. Tomaten, Paprika und Knoblauch mit
den Pinienkernen, einer Kugel Mozzarella und der Hälfte des
Rucola unter die Nudeln heben. Den Salat 1 Stunde kalt stellen und ziehen lassen. Vor dem Servieren mit Basilikum, Mozzarella und Rucola garnieren.

Festliche Champagnercremesuppe

Ergibt ca. 6 Portionen

SUPPE

800 ml Geflügelfond
500 ml Champagner
500 ml Sahne
8 Eigelb
2 Prisen Kräutersalz
1 Messerspitze Zimt
1 Messerspitze Cayennepfeffer

DEKOR

6 Scheiben geröstetes Toastbrot

ZUSÄTZLICH

Ausstechformen

Den Geflügelfond in einem Topf mit 250 ml Champagner auf-kochen. Mit Kräutersalz, Zimt und Cayennepfeffer würzen. Den Topf vom Herd nehmen.

250 ml Sahne mit den Eigelben und dem restlichen Champagner verrühren. Die übrige Sahne steif schlagen. Sahne-Eigelb-Mischung und die geschlagenen Sahne unter den Fond rühren und die Suppe mit dem Pürierstab schaumig rühren.

Das Toastbrot rösten, die Rinde abschneiden und mit einem Plätzchenausstecher Sterne ausstechen. Die Suppe damit gar-nieren.

Champagner
Cremesuppe

Würzige Neujahrs-Stangen mit Avocadocreme

Ergibt ca. 20 Stück

Den Blätterteig auftauen lassen. Eine Platte mit dem verquirlten Ei bestreichen und mit Paprika, Pfeffer und geriebenem Käse bestreuen, mit der zweiten Teigplatte bedecken.

Den gefüllten Blätterteig in ca. 1 bis 2 cm dünne Streifen schneiden. Jeweils die Enden der Streifen gegeneinander drehen und leicht zusammendrücken.

Ein mit Backpapier belegtes Backblech leicht mit Wasser besprenkeln und die Streifen mit Abstand darauflegen, im vorgeheizten Backofen bei 200 °C (Umluft) ca. 15 Minuten backen.

Währenddessen die Avocado halbieren und den Kern herausnehmen. Das Fruchtfleisch mit einem Teelöffel herausschaben und in kleine Stücke schneiden.

Avocado, Frischkäse und Zitronensaft mixen. Den Knoblauch durch eine Knoblauchpresse dazugeben. Anschließend mit Salz und Pfeffer abschmecken.

TEIG

2 Platten TK-Blätterteig
1 Ei
4 g Paprikapulver edelsüß
Pfeffer
250 g Höhlenkäse

AVOCADOCREME

1 reife Avocado
250 g Frischkäse
(z. B. Philadelphia)
Saft von ½ Zitrone
1-2 Knoblauchzehen
Salz
Pfeffer

Varianten von gewürzter Butter

Kräuterbutter
Ergibt ca. 250 g

½ Bund Schnittlauch
½ Bund glatte Petersilie
250 g weiche Butter
1 Knoblauchzehe
1 TL Salz

Den Schnittlauch in sehr feine Ringe schneiden, die Petersilie sehr fein hacken. Die Butter geschmeidig rühren, die Knoblauchzehe durch die Presse dazudrücken, die Kräuter und das Salz einarbeiten. In Frischhaltefolie geben, zur Rolle formen und kalt stellen.

Paprikabutter
Ergibt ca. 250 g

Koriander in einer beschichteten Pfanne ohne Fett anrösten, bis er duftet. Dann im Mörser zerkleinern.

1 TL Koriandersamen
1 rote Paprikaschote
1 EL Zitronensaft
125 g weiche Butter
1 Messerspitze Salz und
1 Messerspitze frisch gemahlener Pfeffer

Die Paprika halbieren, Trennwände und Kerne entfernen und im vorgeheizten Backofen bei 200 °C (Ober- und Unterhitze) 10 Minuten grillen, bis die Haut Blasen wirft. In Alufolie gewickelt 10 Minuten ruhen lassen, dann die Haut entfernen.

Das Paprikafleisch mit Zitronensaft pürieren. Die Butter geschmeidig rühren, mit Paprika und Koriander vermischen, mit Salz und Pfeffer abschmecken und in einer Schale kalt stellen.

Wegen ihres hohen Wasser-
anteils lässt sich die
Paprikabutter nicht gut zu
einer Rolle formen.

50 g Parmesan
70 g Pinienkerne
125 g weiche Butter
1 Messerspitze Salz

Pinienkernbutter
Ergibt ca. 250 g

Den Parmesan fein reiben. Die Pinienkerne in einer
beschichteten Pfanne ohne Fett rösten, bis sie duften. Abkühlen lassen und sehr fein hacken. Die Butter geschmeidig rühren und Pinienkerne, Parmesan
und Salz einarbeiten. In Frischhaltefolie geben, zur
Rolle formen und kalt stellen.

Hähnchen-Chili-Spieße

Ergibt ca. 20 Stück

Für die Marinade Chilischote, Ingwer und Knoblauch sehr fein hacken. Mit Honig, Limettensaft und Sojasoße gründlich verrühren.

Das Fleisch waschen und trocken tupfen. Der Länge nach in 1,5 cm breite Streifen schneiden und in der Marinade im Kühlschrank 3 bis 4 Stunden ziehen lassen.

Das Fleisch etwas abtropfen lassen und auf Spieße stecken. In einer Pfanne etwas Öl heiß werden lassen und die Spieße von allen Seiten gut anbraten. Bei mittlerer Hitze ca. 2 Minuten von jeder Seite durchgaren und im Anschluss abkühlen lassen.

Aus Essig, Salz, Pfeffer, Senf, Honig, klein geschnittenen Chilischoten und dem Olivenöl ein Dressing herstellen. Die abgekühlten Spieße auf einer Platte anrichten, etwas von dem Dressing darüber verteilen und ca. 1 Stunde ziehen lassen. Zum Servieren mit der Kresse garnieren und das restliche Dressing als Dip anrichten.

MARINADE

1 mittelgroße Chilischote
1 Stück Ingwer, ca. 1-2 cm
1 Knoblauchzehe
1 EL Honig
Saft von 1 Limette
2 EL Sojasoße

FLEISCH

1 kg Hähnchenbrustfilet
2 EL Pflanzenöl

DRESSING

4 EL Balsamico-Essig
Salz
Pfeffer
2 TL mittelscharfer Senf
2 TL Honig
2 kleine Chilischoten
8 EL Olivenöl
1 Kästchen Kresse

ZUSÄTZLICH

Holzspieße

Viel Glück! – Best of luck! – Bol anslar! – Buona fortuna!

Glücksbringer
Ergibt 2 vierblättrige Kleeblätter

KLEEBLÄTTER

200 g Frischkäse
1-2 EL Milch
2 TL getrocknete Kräuter
der Provence
Salz
Pfeffer
Schnittlauch
4 Scheiben Toastbrot
6 Scheiben Gouda

Den Frischkäse mit der Milch glatt rühren und die Kräuter unterrühren. Mit Salz und Pfeffer würzen. Den Schnittlauch klein schneiden.

Den Rand vom Toastbrot entfernen und alle Scheiben auf einer Seite mit Frischkäse bestreichen. Zwei davon mit Gouda belegen und diese nochmals mit einer dicken Schicht Frischkäse versehen. Nun das zweite Mal mit Gouda belegen und die anderen beiden Toastbrote mit der bestrichenen Seite nach unten oben drauf legen.

ZUSÄTZLICH

Ausstechform

Jedes der beiden Brot-Käse-Türmchen mit einem Herzausstecher vier Mal ausstechen. Die oberste Schicht der Herzen ebenfalls mit Frischkäse bestreichen und mit Schnittlauch garnieren. Je vier Herzen zu einem Kleeblatt zusammenlegen.

*Anderer Aufschnitt eignet sich natürlich auch gut. So kann man zum
Beispiel mit Mortadella und einem Schweinchenausstecher Glücksschweine herstellen.
Mit zusätzlichen Hufeisen- und Glückspilzausstechern machen Sie die Glücksbringer komplett.*

129

Beschwipste Zimtbirne

Ergibt 6 Portionen

Früchte

6 kleine Birnen

Die Birnen waschen, der Länge nach schälen und das Kerngehäuse von unten mit einem Kerngehäuse-Ausstecher vorsichtig entfernen.

Füllung

10 g gehobelte Mandeln
40 g Marzipanrohmasse
10 g Puderzucker

Mandeln, Marzipan und Puderzucker verkneten und die Birnen damit füllen.

Butter und Zucker in einer beschichteten, hohen Pfanne unter Rühren schmelzen und karamellisieren lassen, mit Rotwein ablöschen. Vanilleschote, Zimtstange und eventuell übrig gebliebene Füllung hinzugeben und den Sud 5 Minuten stark kochen lassen.

Sosse

50 g Butter
80 g Zucker
600 ml dunkler Rotwein
1 Vanilleschote
1 Stange Zimt

Die Birnen hinzugeben und in dem leicht köchelnden Sud unter häufigem Drehen ca. 10 Minuten garen. Die Birnen herausnehmen, den Sud durch ein Sieb gießen und danach stark einkochen lassen, bis eine Art Sirup entstanden ist.

Die Birnen noch einmal kurz darin drehen und leicht erwärmen, dann stehend auf einem Teller anrichten (evtl. den Boden etwas gerade schneiden), mit der dunkelroten Soße übergießen und servieren. Nach Belieben Vanilleeis oder geschlagene Sahne dazu reichen.

Das Team
bei der Arbeit

Meine Inspiration
kommt durch die Liebe
der Anderen.

Luisa Marschall

Sílvio da Silveira Macêdo verknüpft Kreativität und Spontanität mit Erfahrung und Fachwissen. Als selbstständiger Foodstylist und Rezeptentwickler arbeitet er voller Ideenreichtum und mit südamerikanischem Esprit für Konzerne aus der Lebensmittelbranche. Der Deutsch-Brasilianer lässt in seine Projekte Einflüsse unterschiedlicher Kulturen zu etwas Neuem verschmelzen — immer mit einer ganz besonderen Note. Seine Auftraggeber wissen dies zu schätzen.

Gemeinsam setzen wir seit Langem Werbeaufnahmen für Firmen aus der Lebensmittelbranche um.

Kristina Geisel ist meine Auszubildende im 2. Lehrjahr zur Fotografin. Mit großem Engagement ist sie immer an meiner Seite und bereichert die Aufnahmen mit eigenen Ideen.

Hier auf dem Foto platziert sie gerade das von ihr geschriebene Schild für die Champagnercremesuppe.

sechsterstock

mietstudio hannover

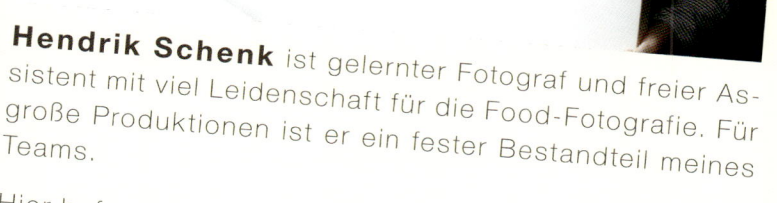

Hendrik Schenk ist gelernter Fotograf und freier As-
sistent mit viel Leidenschaft für die Food-Fotografie. Für
große Produktionen ist er ein fester Bestandteil meines
Teams.

Hier befestigt er gerade den Hintergrund für die nächste
Aufnahme.

Register

ISBN 978-3-572-08076-2

© 2012 by Bassermann Inspiration, einem Unternehmen der Verlagsgruppe
Random House GmbH, 81673 München

Umschlaggestaltung: Atelier Versen, Bad Aibling
Gestaltung: Ortrud Müller – Die Buchmacher, Köln
Fotos: Mona Binner, Hannover
Fotografische Assistenz: Kristina Geisel & Hendrik Schenk, Hannover
Autorenportraits: Kristina Geisel, Hannover
Foodstyling: Luisa Marschall, Hannover
Foodstyling (herzhafte Gerichte): Sílvio da Silveira Macêdo, Bielefeld
Rezept Seite 87: Sílvio da Silveira Macêdo, Bielefeld
Projektleitung: Anja Halveland
Herstellung: Elke Cramer

817 2635 4453 6271

Die Ratschläge in diesem Buch sind von den Autorinnen und vom Verlag sorgfältig erwogen und geprüft, dennoch kann eine Garantie nicht übernommen werden. Eine Haftung der Autorinnen bzw. des Verlags und seiner Beauftragten für Personen-, Sach- und Vermögensschäden ist ausgeschlossen.

Satz: Ortrud Müller – Die Buchmacher, Köln
Reproduktion: Regg Media GmbH, München
Druck: Těšínská tiskárna, Český Těšín
Printed in the Czech Republic

Das für diesen Titel verwendete FSC®-zertifizierte Papier *Allegro halbmatt* wurde produziert von Sappi Gratkorn.